Vorwort

Starten Sie mit fruchtig frischen Rezepten in den Frühling. Wenn Sie gedacht haben, die Low Carb Ernährung sei einseitig und vitaminarm muss ich Sie leider enttäuschen. Lassen Sie sich von meinen Rezepten verführen und nehmen Sie dabei spielend leicht ab, bis hin zur Bikini Figur.

Inhaltsangabe

Vorwort

Cremiges Schokoladen Eis
Ceylon Tee Eis
Himbeere Mascarpone Eis
Blaubeere Eis
Zitronen Pfefferminz Eis
Cremiges Pistazien Eis
Rotwein Verführung
Softes Erdbeer Eis
Kokos Limetten Eis
Schoko Minze Eis
Mandeleis
Melonen Eis
Kühle Vanille Verführung
Chai Tee Sahne Eis
Affenbrot Eis
Gebrannte Mandeln Eis
Himbeer Buttermilch Eis
Leckeres Kaffee Eis
Brombeere Joghurt Eis
Würziges Zimt Eis
Sahniges Erdbeer Eis
Mandelmilch Eis
Kokos Eis
Walnuss Eis

Erdbeere Schmant Torte
Saftige Kaffee Creme Torte
Sahne Schokoladen Torte
Heidelbeere Kokos Torte

Nachtrag zum Impressum / Coyright

Cremiges Schokoladen Eis

Zutaten:
50 g Kakaopulver zum Backen
50 g gemahlene Mandeln
3 Eigelbe
Süßstoff
500 g Sahne

Zubereitung:
Etwa 3 Teelöffel Süßstoff mit dem Eigelb schlagen. Die Sahne in eine Schüssel geben und steif schlagen. Nun die übrigen Zutaten und die Eigelbmasse hinzugeben und nochmals zu einer homogenen Masse verrühren.
Eventuell nochmals nachsüßen. In eine Eismaschine geben, bis das Eis gefroren ist.

Ceylon Tee Eis

Zutaten
200 g starker Ceylon Tee
Süßstoff
400 g Sahne
3 Eigelbe
Saft einer Zitrone

Zubereitung
Tee, Eigelbe, Zitronensaft, Süßstoff nach Geschmack in eine Schüssel geben und kurz aufschlagen. Die Sahne in eine andere Schüssel geben und steif schlagen. Mit den übrigen Zutaten vermengen und in die Eismaschine füllen.

Himbeere Mascarpone Eis

Zutaten:
200 g Himbeeren
3 Eigelbe
Süßstoff
500 g Mascarpone

Zubereitung:
Etwa 3 Teelöffel Süßstoff mit dem Eigelb schlagen. Nun die übrigen Zutaten hinzugeben und vermischen. Eventuell nochmals etwas nachsüßen. In eine Eismaschine geben, bis das Eis gefroren ist.

Blaubeere Eis

Zutaten:
200 g Blaubeeren
3 Eigelbe
Süßstoff
500 g Sahne

Zubereitung:
Etwa 3 Teelöffel Süßstoff mit dem Eigelb schlagen. Die Sahne steif schlagen. Nun die übrigen Zutaten hinzugeben und vermischen. Eventuell nochmals etwas nachsüßen. In eine Eismaschine geben, bis das Eis gefroren ist.

Zitronen Pfefferminz Eis

Zutaten:
Saft einer Zitrone
1 EL abgeriebene Zitronenschale
100 g Pfefferminztee, stark
3 Eigelbe
Süßstoff
500 g Sahne

Zubereitung:
Etwa 3 Teelöffel Süßstoff mit dem Eigelb schlagen. Die Sahne steif schlagen. Nun die übrigen Zutaten hinzugeben und vermischen. Eventuell nochmals etwas nachsüßen. In eine Eismaschine geben, bis das Eis gefroren ist.

Cremiges Pistazien Eis

Zutaten:
200 g Pistazien,
gehackt, in 1 TL ÖL
in der Pfanne kurz
anrösten und abkühlen
lassen
3 Eigelbe
Süßstoff
500 g Sahne

Zubereitung:
Etwa 3 Teelöffel Süßstoff mit dem Eigelb schlagen. Die Sahne steif schlagen. Nun die übrigen Zutaten hinzugeben und vermischen. Eventuell nochmals etwas nachsüßen. In eine Eismaschine geben, bis das Eis gefroren ist.

Rotwein Verführung

Zutaten:
100 g Rotwein
Saft einer Zitrone
1 TL Orangenschale
50 g gemahlene Mandeln
3 Eigelbe
Süßstoff
500 g Sahne

Zubereitung:
Etwa 3 Teelöffel Süßstoff mit dem Eigelb schlagen. Die Sahne steif schlagen. Nun die übrigen Zutaten hinzugeben und vermischen. Eventuell nochmals etwas nachsüßen. In eine Eismaschine geben, bis das Eis gefroren ist.

Softes Erdbeer Eis

Zutaten:
200 g Erdbeeren, zerkleinert
3 Eigelbe
3 Eiweiße, steif geschlagen
Süßstoff
500 g Sahne

Zubereitung:
Etwa 3 Teelöffel Süßstoff mit dem Eigelb schlagen. Die Sahne steif schlagen. Nun die übrigen Zutaten hinzugeben und vermischen. Eventuell nochmals etwas nachsüßen. In eine Eismaschine geben, bis das Eis gefroren ist.

Kokos Limetten Eis

Zutaten:
100 g Kokosraspeln
50 g Kokosraspeln, gemahlen
Saft einer Limette
3 Eigelbe
Süßstoff
500 g Sahne

Zubereitung:
Etwa 3 Teelöffel Süßstoff mit dem Eigelb schlagen. Die Sahne steif schlagen. Nun die übrigen Zutaten hinzugeben und vermischen. Eventuell nochmals etwas nachsüßen. In eine Eismaschine geben, bis das Eis gefroren ist.

Schoko Minze Eis

Zutaten:
100 g starker Pfefferminztee
100 g Schokolade 85 %, gehackt
3 Eigelbe
Süßstoff
500 g Sahne

Zubereitung:
Etwa 3 Teelöffel Süßstoff mit dem Eigelb schlagen. Die Sahne steif schlagen. Nun die übrigen Zutaten hinzugeben und vermischen. Eventuell nochmals etwas nachsüßen. In eine Eismaschine geben, bis das Eis gefroren ist. Guten Appetit!

Mandeleis

Zutaten:
200 g Mandeln, gemahlen
50 g Mandeln, gehackt, in 1 TL ÖL in der Pfanne kurz anrösten und abkühlen lassen
1 Prise Salz
3 Eigelbe
Süßstoff
500 g Sahne

Zubereitung:
Etwa 3 Teelöffel Süßstoff mit dem Eigelb schlagen. Die Sahne steif schlagen. Nun die übrigen Zutaten hinzugeben und vermischen. Eventuell nochmals etwas nachsüßen. In eine Eismaschine geben, bis das Eis gefroren ist.

Melonen Eis

Zutaten:
150 g Melone, püriert
1 EL Zitronensaft
3 Eigelbe
Süßstoff
500 g Sahne

Zubereitung:
Etwa 3 Teelöffel Süßstoff mit dem Eigelb schlagen. Die Sahne steif schlagen. Nun die übrigen Zutaten hinzugeben und vermischen. Eventuell nochmals etwas nachsüßen. In eine Eismaschine geben, bis das Eis gefroren ist.

Kühle Vanille Verführung

Zutaten:
Mark einer Vanille Schote
30 g gemahlene Mandeln
3 Eigelbe
Süßstoff
500 g Sahne

Zubereitung:
Etwa 3 Teelöffel Süßstoff mit dem Eigelb schlagen. Die Sahne steif schlagen. Nun die übrigen Zutaten hinzugeben und vermischen. Eventuell nochmals etwas nachsüßen. In eine Eismaschine geben, bis das Eis gefroren ist.

Chai Tee Sahne Eis

Zutaten:
100 g Chai Tee, stark
3 Eigelbe
Süßstoff
500 g Sahne

Zubereitung:
Etwa 3 Teelöffel Süßstoff mit dem Eigelb schlagen. Die Sahne steif schlagen. Nun die übrigen Zutaten hinzugeben und vermischen. Eventuell nochmals etwas nachsüßen. In eine Eismaschine geben, bis das Eis gefroren ist.

Affenbrot Eis

Zutaten:
1 Banane, fein zerdrückt
2 EL Backkakao
3 Eigelbe
Süßstoff
500 g Sahne

Zubereitung:
Etwa 3 Teelöffel Süßstoff mit dem Eigelb schlagen. Die Sahne steif schlagen. Nun die übrigen Zutaten hinzugeben und vermischen. Eventuell nochmals etwas nachsüßen. In eine Eismaschine geben, bis das Eis gefroren ist.

Gebrannte Mandeln Eis

Zutaten:
100 g Mandeln
in 1 EL Öl in der Pfanne
anbraten, mit Zimt bestäuben
und abkühlen lassen.
Dann die Mandeln klein hacken
100 g Mandeln, gemahlen
3 Eigelbe
Süßstoff
500 g Sahne

Zubereitung:
Etwa 3 Teelöffel Süßstoff mit dem Eigelb schlagen. Die Sahne steif schlagen. Nun die übrigen Zutaten hinzugeben und vermischen. Eventuell nochmals etwas nachsüßen. In eine Eismaschine geben, bis das Eis gefroren ist.

Himbeer Buttermilch Eis

Zutaten:
200 g Himbeeren, zerkleinert
3 Eigelbe
Süßstoff
300 g Sahne
200 g Buttermilch

Zubereitung:
Etwa 3 Teelöffel Süßstoff mit dem Eigelb schlagen. Die Sahne steif schlagen. Nun die übrigen Zutaten hinzugeben und vermischen. Eventuell nochmals etwas nachsüßen. In eine Eismaschine geben, bis das Eis gefroren ist.

Leckeres Kaffee Eis

Zutaten:
2 EL löslicher Kaffee
Mark einer Vanille Schote
3 Eigelbe
Süßstoff
500 g Sahne

Zubereitung:
Etwa 3 Teelöffel Süßstoff mit dem Eigelb schlagen. Die Sahne steif schlagen. Nun die übrigen Zutaten hinzugeben und vermischen. Eventuell nochmals etwas nachsüßen. In eine Eismaschine geben, bis das Eis gefroren ist.

Brombeere Joghurt Eis

Zutaten:
200 g Brombeeren, zerkleinert
200 g Naturjoghurt
3 Eigelbe
Süßstoff
300 g Sahne

Zubereitung:
Etwa 3 Teelöffel Süßstoff mit dem Eigelb schlagen. Die Sahne steif schlagen. Nun die übrigen Zutaten hinzugeben und vermischen. Eventuell nochmals etwas nachsüßen. In eine Eismaschine geben, bis das Eis gefroren ist.

Würziges Zimt Eis

Zutaten:
½ TL Zimt
50 g Walnüsse, gemahlen
Mark einer Vanille Schote
3 Eigelbe
Süßstoff
500 g Sahne

Zubereitung:
Etwa 3 Teelöffel Süßstoff mit dem Eigelb schlagen. Die Sahne steif schlagen. Nun die übrigen Zutaten hinzugeben und vermischen. Eventuell nochmals etwas nachsüßen. In eine Eismaschine geben, bis das Eis gefroren ist.

Sahniges Erdbeer Eis

Zutaten:
200 g Erdbeeren, zerkleinert
200 g Naturjoghurt
3 Eigelbe
Süßstoff
300 g Sahne

Zubereitung:
Etwa 3 Teelöffel Süßstoff mit dem Eigelb schlagen. Die Sahne steif schlagen. Nun die übrigen Zutaten hinzugeben und vermischen. Eventuell nochmals etwas nachsüßen. In eine Eismaschine geben, bis das Eis gefroren ist.

Mandelmilch Eis

Zutaten:
100 g Mandeln, gemahlen
Mark einer Vanilleschote
1 EL Kokosöl
3 Eigelbe
Süßstoff
500 g Mandelmilch

Zubereitung:
Etwa 3 Teelöffel Süßstoff mit dem Eigelb schlagen. Die Sahne steif schlagen. Nun die übrigen Zutaten hinzugeben und vermischen. Eventuell nochmals etwas nachsüßen. In eine Eismaschine geben, bis das Eis gefroren ist.

Kokos Eis

Zutaten:
100 g Kokosraspeln
50 g Kokosraspeln, gemahlen
3 Eigelbe
Süßstoff
500 g Sahne

Zubereitung:
Etwa 3 Teelöffel Süßstoff mit dem Eigelb schlagen. Die Sahne steif schlagen. Nun die übrigen Zutaten hinzugeben und vermischen. Eventuell nochmals etwas nachsüßen. In eine Eismaschine geben, bis das Eis gefroren ist.

Walnuss Eis

Zutaten:
100 g Walnüsse, gemahlen
100 g Walnüsse, gehackt
3 Eigelbe
Süßstoff
500 g Sahne

Zubereitung:
Etwa 3 Teelöffel Süßstoff mit dem Eigelb schlagen. Die Sahne steif schlagen. Nun die übrigen Zutaten hinzugeben und vermischen. Eventuell nochmals etwas nachsüßen. In eine Eismaschine geben, bis das Eis gefroren ist.

Erdbeere Schmant Torte

Zutaten

Tortenboden
110 g flüssige Butter
120 ml Sahne
5 Eier
100 g Mandelmehl
Süßstoff nach Wahl
1 TL Backpulver
1/2 TL Natron
1 Prise Salz
1 Fläschchen Vanillearoma
1 TL Guarkernmehl

Creme
4 Becher Schmant
10 g. Gelatine
Süßstoff nach Geschmack
Mark einer Vanilleschote

Belag
500 g Erdbeeren

Zubereitung
Alle Zutaten für den Boden in eine Schüssel geben. Mit dem Handrührgerät zu einem sämigen Teig verrühren. Eine Backform einfetten und den Teig hineingeben. Bei 160 Grad Umluft ca. 30 Minuten backen.

Die Gelatine in ein Gefäß geben und in ca. 50 g Wasser (kalt) mindestens 10 Minuten quellen lassen. Die übrigen Zutaten für die Creme in eine Schüssel geben und verrühren. Die Gelatine in der Mikrowelle kurz erhitzen und unter die Creme rühren.

Den abgekühlten Boden durchschneiden und mit der Creme füllen. Die Erdbeeren waschen und in Scheiben schneiden. Auf den Kuchen verteilen.

Guten Appetit!

Saftige Kaffee Creme Torte

Zutaten

Tortenboden
110 g flüssige Butter
120 ml Sahne
5 Eier
100 g Mandelmehl
2 EL Backkakao
Süßstoff nach Wahl
1 TL Backpulver
1/2 TL Natron
1 Prise Salz
1 Fläschchen Vanillearoma
1 TL Guarkernmehl

Creme
800 g Sahne
10 g Gelatine
1 EL Backkakao
2 EL Instant Kaffee

1 Tafel Schokolade 85 % Kakao

Zubereitung
Alle Zutaten für den Boden in eine Schüssel geben. Mit dem Handrührgerät zu einem sämigen Teig verrühren. Eine Backform einfetten und den Teig hineingeben. Bei 160 Grad Umluft ca. 30 Minuten backen.

Die Gelatine in ein Gefäß geben und in ca. 50 g Wasser (kalt) mindestens 10 Minuten quellen lassen. Die übrigen Zutaten für die Creme in eine Schüssel geben und verrühren. Die Gelatine in der Mikrowelle kurz erhitzen und unter die Creme rühren.

Den abgekühlten Boden in 3 Scheiben durchschneiden und mit der Creme füllen.

Die Schokolade schmelzen und auf die oberste Tortenschicht geben.

Guten Appetit!

Sahne Schokoladen Torte

Zutaten

Tortenboden
110 g flüssige Butter
120 ml Sahne
5 Eier
100 g Mandelmehl
2 EL Backkakao
Süßstoff nach Wahl
1 TL Backpulver
1/2 TL Natron
1 Prise Salz
1 Fläschchen Vanillearoma
1 TL Guarkernmehl

Creme

800 g Sahne
10 g Gelatine
1 EL Backkakao, gestrichen

Zubereitung
Alle Zutaten für den Boden in eine Schüssel geben. Mit dem Handrührgerät zu einem sämigen Teig verrühren. Eine Backform einfetten und den Teig hineingeben. Bei 160 Grad Umluft ca. 30 Minuten backen.

Die Gelatine in ein Gefäß geben und in ca. 50 g Wasser (kalt) mindestens 10 Minuten quellen lassen. Die übrigen Zutaten für die Creme in eine Schüssel geben und verrühren. Die Gelatine in der Mikrowelle kurz erhitzen und unter die Creme rühren.

Den abgekühlten Boden in 3 Scheiben durchschneiden und mit der Creme füllen.

Guten Appetit!

Heidelbeere Kokos Torte

Zutaten

Tortenboden
110 g flüssige Butter
140 ml Sahne
5 Eier
100 g Mandelmehl
50 g Kokosraspeln
Süßstoff nach Wahl
1 TL Backpulver
1/2 TL Natron
1 Prise Salz
1 Fläschchen Vanillearoma
1 TL Guarkernmehl

Creme
200 g weiche Butter
½ TL Guarkernmehl
600 g Frischkäse
Süßstoff nach Wahl
100 g Kokosraspeln
Heidelbeeren

Zubereitung
Alle Zutaten für den Boden in eine Schüssel geben. Mit dem Handrührgerät zu einem sämigen Teig verrühren. Eine Backform einfetten und den Teig hineingeben. Bei 160 Grad Umluft ca. 30 Minuten backen.

Die Zutaten für die Creme in eine Schüssel geben und verrühren.

Den abgekühlten Boden in3 Scheiben durchschneiden und mit der Creme füllen.

Guten Appetit!

Nachtrag zum Impressum / Coyright

Shutterstock.com
- Brent Hofacker
- Kogotkova
- Pustinnikova
- Avs
- Ewell
- Zidar
- Phoenix
- Perl 7

Herstellung und Verlag:
BoD - Books on Demand, Norderstedt
ISBN 978-3-7431-8052-9